Jean Bourdeau

La Démocratie industrielle

Les grèves et les syndicats

ISBN : 978-1981688715

10 9 8 7 6 5 4 3 2 1

Jean Bourdeau

La Démocratie industrielle

Les grèves et les syndicats

Table de Matières

Nous avons essayé d'indiquer, dans un précédent article [1], l'évolution de plus en plus marquée des socialistes vers le pouvoir politique. Peu scrupuleux en matière de théories, le socialisme électoral cherche à rallier autour de sa bannière indécise tous ceux qui souffrent de l'ordre économique actuel, tous les mécontents, à quelque classe qu'ils appartiennent. Mais il y a un autre aspect du socialisme, un socialisme spécifique, syndical, celui des ouvriers organisés de l'industrie, qui forme un courant de plus en plus large, de plus en plus indépendant des meneurs politiques ; ceux-ci le suivent, bien plus qu'ils ne le dirigent. L'entrée d'un socialiste tel que M. Millerand dans un ministère républicain est un épisode plus ou moins caractéristique ou, si l'on veut, une des surprises de la politique. Les grandes grèves qui se sont succédé en France avec une rare intensité depuis quelques mois, au Creusot, à Montceau-les-Mines, dans la région du Doubs, méritent plus encore de retenir l'attention : On en comprend mieux la portée, si on les rapproche des grèves analogues qui ont éclaté dans d'autres pays : on voit alors se dessiner une tendance commune, et toute spontanée, qui ne vise à rien moins qu'à l'établissement d'un nouveau régime dans la grande industrie, à l'avènement de la démocratie industrielle.

Les foules ouvrières ne se soucient du pouvoir politique que pour atteindre la puissance économique [2]. En même temps qu'elles aspirent à régner dans l'État par le bulletin de vote, elles prétendent gouverner dans l'usine par les syndicats et les grèves. Les deux mouvements agissent parallèlement, et se soutiennent sans se confondre.

I. — L'ARMÉE INDUSTRIELLE

L'ancienne organisation du travail en corporations soumettait l'ouvrier à une sorte de tutelle, mais lui assurait la sécurité du lendemain : il se trouvait protégé dans son salaire contre la concurrence des produits et des producteurs, contre les progrès même de la science et des inventions techniques.

Les corporations fermées convenaient à la petite industrie, à une consommation restreinte : elles ne pouvaient s'adapter aux besoins de la production généralisée, démocratique. L'esprit corporatif et boutiquier opposait un obstacle considérable à la satisfaction de ces besoins, à l'essor de l'activité mercantile, aux nouvelles découvertes. C'est la démocratie elle-même qui imposait le régime de la grande industrie.

Au nom de la liberté du travail, la Révolution jeta tous ces règlements par-dessus bord : ils furent pareillement éliminés dans d'autres pays, sans qu'il fût besoin de son influence.

La nouvelle législation avait tellement pour but d'assurer l'indépendance de l'individu, qu'elle établit un atomisme à la place de l'ancienne tutelle. Obsédée par la haine des corporations, qui étaient des unions de patrons dirigées contre le client, — parfois contre l'ouvrier, — et craignant de les voir renaître, elle refuse aux individus qu'elle veut affranchir le droit de s'organiser librement. La loi de 1791 punit d'amende et de prison tout accord entre les ouvriers, en vue d'améliorer les conditions du travail. Un libre contrat se noue entre l'ouvrier isolé et le patron isolé.

Les législateurs de la Révolution se flattaient d'avoir affranchi l'ouvrier, de lui donner l'avenir. Ils ne pouvaient prévoir les transformations sociales qu'allaient amener la découverte de la vapeur, l'utilisation de la force enfermée dans le charbon, l'établissement de la grande industrie. En 1791, l'énorme majorité des chefs industriels se composait de petits patrons : les deux parties contractantes se trouvaient donc dans des conditions à peu près analogues. Mais la liberté du travail devenait illusoire pour les masses ouvrières agglomérées dans les fabriques, groupées naturellement par les machines : ne disposant ni du droit de coalition, ni du droit d'association, elles se voyaient dénuées de toute liberté de mouvement, condamnées à rester isolées, privées du droit de s'entendre légalement entre elles, et de discuter leurs conditions de travail, afin de pourvoir à leur existence, d'améliorer leur situation. Nous disons *légalement*, car, en fait, les ouvriers se soulevaient par une commune entente, suscitaient des grèves, qui parfois dégénéraient en véritables émeutes, comme en Angleterre, au temps du Chartisme, et en France, après 1830. La législation des pays industriels devait finir par reconnaître, non seulement le droit de coalition passagère, mais celui d'association fixe : le mouvement ouvrier, pensait-on, n'en deviendrait que plus réglé ; au troupeau impulsif succéderaient de petits corps organisés, avec des chefs, et les solutions des difficultés du travail prendraient plus aisément une tournure pacifique.

Partout, dans la seconde moitié du siècle, les organisations ouvrières, les syndicats professionnels, conséquences de la concentration des industries, font de rapides et croissans progrès. Mais elles présentent un caractère différent, dans chaque peuple, selon le degré du développement industriel, l'état politique, les qualités et les défauts de la race. L'obstacle législatif une fois écarté, il reste celui de l'incapacité des ouvriers à s'organiser eux-mêmes.

C'est en Angleterre, grâce aux libertés publiques, à l'esprit pratique, à la fois individualiste et porté vers l'association libre, que l'organisation ouvrière, reconnue par la loi dès 1824, a pris les plus grandes proportions. Le nombre des ouvriers syndiqués dépasse actuellement le chiffre de un million six cent mille, un cinquième environ des ouvriers industriels. Les travailleurs anglais ne sont pas arrivés d'emblée à cette organisation parfaite. Ils ont traversé une période de troubles qui durèrent jusqu'en 1848, et qui faisaient craindre une révolution. Ce n'est qu'à partir de 1850 que les grandes Unions de métiers, formées d'ouvriers qualifiés, payant régulièrement des cotisations très élevées, commencèrent à entrer dans une ère de prospérité, et à former dans le monde du travail une sorte d'aristocratie, louée par les économistes et les publicistes conservateurs. M. et Mme Sidney Webb, dans leur *Histoire du Trade-Unionisme* [3], et M. Paul de Rousiers [4] ont admirablement mis en lumière l'histoire, l'organisation, le fonctionnement et les hommes des Unions, le caractère de ces chefs ouvriers, choisis parmi les plus capables et les plus dignes dont l'un devint sous-secrétaire d'État du ministère Gladstone, après avoir manié le pic dans la mine, tandis que d'autres ont exercé de hautes magistratures. Pourvues de capitaux, organisant elles-mêmes leurs sociétés de secours et d'assistance, elles écartent les politiciens, et manifestent un goût très modéré pour le socialisme d'État. Les députés ouvriers au Parlement votent avec les libéraux, et ont refusé jusqu'ici de se mettre à la remorque des partis socialistes, qui n'ont pas un seul représentant à la Chambre des communes. Les patrons anglais, remarque M. Brentano, envient ceux d'Allemagne : « Heureux entrepreneurs allemands ! s'écriait l'un d'eux, vous avez parmi vos ouvriers nombre de *social-démocrates*, mais vous leur payez de bas salaires : nous changerions volontiers avec vous. »

La situation n'est plus tout à fait la même, depuis la grande grève des ouvriers des docks de Londres, en 1889. Les syndicats plus récents, composés de troupes affamées, sans habileté spéciale, sans occupations stables, vivant au jour le jour d'un salaire souvent insuffisant, ont peine à prélever dans leurs associations de maigres subsides, uniquement destinés à créer des fonds de résistance. Le nombre des dockers associés, payant leurs cotisations, est bientôt tombé de 90 000 à 25 000. Aussi les nouvelles Unions se placent-elles souvent sur le terrain de la lutte des classes. Elles rompent avec l'esprit de *self help*, réclament l'intervention de l'État, des municipalités, exigent encore plus d'inspection du travail, plus de législation, plus d'impôts sur les classes riches. Leurs aspirations dépassent le socialisme d'État, et vont jusqu'au socialisme pur. Commencées au Congrès de Liverpool, en 1890, les discussions sur le collectivisme ont continué depuis lors ; des révolutions ont été votées en ce sens. La pensée socialiste s'infuse dans le Trade-Unionisme ; et l'esprit impatient, aventureux, des O'Grady l'emporte parfois sur la prudence des Maudsley, des Burt, des Knight, des Wood. On peut être assuré toutefois que l'ensemble des Unions ne passera pas du jour au lendemain à la *social-démocratie*.

Dans les colonies anglaises d'Australie et de Nouvelle-Zélande, les associations ouvrières, par suite d'une situation exceptionnelle, ont atteint un degré inouï de force et de richesse. Elles ont obtenu et généralisé quelques-unes des exigences essentielles du socialisme européen, par exemple la journée de huit heures ; elles s'avancent avec ardeur dans la voie « du collectivisme constitutionnel. »

Les Belges ne le cèdent pas aux Anglais en esprit pratique. Le monde ouvrier est divisé, comme le pays lui-même, en syndicats socialistes et en corporations chrétiennes. Les uns et les autres tirent pour la propagande des ressources considérables de leurs coopératives. Les socialistes en ont fait les arsenaux et la forteresse de leur parti. Ces coopératives comptaient, en 1897, 50 000 membres, et ce nombre est aujourd'hui bien dépassé. A la *Maison du peuple*, de Bruxelles, dans le *Vooruit* de Gand, les socialistes réalisent une partie du programme des réformes ouvrières : assurance contre le chômage, assurance mutuelle contre la maladie, retraites annuelles, etc. Ces établissements sont conduits avec une sévère discipline, à laquelle les ouvriers ont tant de peine à se soumettre, quand elle leur est assignée par les patrons. Avant de faire de la politique, les socialistes belges ont ainsi commencé à organiser les ouvriers, et à se procurer des ressources pour mettre une armée et un trésor de guerre au service de leurs revendications démocratiques, à la Chambre et dans le pays [5].

L'Autriche est revenue depuis 1885 au régime de la corporation forcée. L'Allemagne fait reposer ses lois d'assurance obligatoire sur les corporations industrielles. Les syndicats allemands sont libéraux (*Hirsch-Duncker Vereine*) ou catholiques, ou rattachés à la *social-démocratie*. Ces derniers possèdent le plus grand nombre d'adhérents. Mais, parmi les *social-démocrates*, il existe une vieille jalousie entre les organisations politiques et les organisations syndicales. Au début, les syndicats n'étaient considérés par les marxistes que comme un champ de manœuvre, où s'instruisaient les soldats socialistes. Or, les ouvriers mettent au premier plan leurs intérêts économiques de chaque jour ; et la lutte pour les soutenir prime toute autre considération. Catholiques, ou libéraux, ou socialistes, ils finissent par comprendre que, divisés par les opinions et les croyances, ils restent étroitement unis en vue de ces intérêts vitaux. Menacés dans leur liberté de coalition par l'esprit de réaction qui a dicté au gouvernement allemand la *Zuchthausvorlage* ou *loi du bagne* récemment rejetée au Reichstag, ils cherchent à se rapprocher, à imiter les ouvriers suisses, qui viennent de proclamer leur neutralité en matière politique et religieuse. Rien n'est plus caractéristique de cette évolution si importante, et de la crainte qu'ont les *social démocrates* de voir les syndicaux s'écarter d'eux, que les paroles prononcées par Bebel au récent Congrès de Hanovre. Bebel a déclaré que le parti était d'accord avec les syndicats pour écarter la politique du mouvement ouvrier. « Le mouvement syndical, a-t-il dit, n'est pas *social-démocrate*, il est prolétarien. Il se tient à distance du parti politique ; comment sans cela gagnerait-il les ouvriers catholiques ? » — Quel socialiste français oserait tenir un pareil langage ?

En France, tant de révolutions n'ont fait que retarder l'organisation ouvrière. Les ouvriers français savent combattre avec une ardeur désespérée. Toujours prêts à la révolte, ils sacrifieront jusqu'à leur vie. Mais c'est la fable du lièvre et de la tortue. Les socialistes ont été pour eux des amis, des conseillers funestes.

Le mouvement d'organisation ouvrière qui se dessinait vers la fin de l'Empire, aidé par la liberté nouvelle de réunion et de coalition, et en opposition au début, dans l'Internationale même, avec les idées de Karl Marx, fut arrêté par la guerre et disloqué par la Commune. Durant les premières années de la troisième République, en l'absence des meneurs et des militants disparus ou exilés, les premiers Congrès ouvriers se signalèrent par leur modération et leur esprit d'apaisement et de concorde. Ils étaient mutuellistes et réformistes, favorables aux coopératives, et non plus révolutionnaires. Le *Cercle d'Union syndicale ouvrière* se donnait pour mission l'arrangement amiable avec les patrons, au grand scandale des survivants de la Commune réfugiés à Londres. Mais bientôt les nouveaux socialistes, imbus des théories allemandes, et après eux, les amnistiés rentrés en France, n'ayant rien à espérer du suffrage universel d'alors, « se terrèrent dans les syndicats. » En 1879, au Congrès de Marseille, « ils enfonçaient dans la gorge des syndicaux, jusqu'à la garde, un programme collectiviste » inspiré par Karl Marx. Ils prêchaient la lutte des classes inexpiable, exposaient aux ouvriers la fatalité de leurs misères, l'impuissance des réformes, la nécessité de hâter une révolution inévitable, préparée par la nature même de l'évolution économique. Bientôt les sectes furent aux prises. L'histoire de ces Congrès ouvriers, qu'a racontée M. de Seilhac [6], est remplie par la rivalité acharnée des meneurs et les scissions interminables. C'est, au fond, une véritable lutte des classes au sein même du socialisme, entre l'élément démagogique bourgeois, et l'élément ouvrier, entre les « Intellectuels » et les « Manuelards. »

Tous les militants et les meneurs se montrèrent absolument hostiles à la loi de 1884 sur les syndicats professionnels, qui abrogeait Je texte anti-social de la loi des 14 et 17 juin 1791, donnait aux syndicats la liberté de se constituer avec la garantie de la publicité des noms de leurs administrateurs et de leurs statuts, et le droit de se fédérer. Par ce droit d'organisation, elle fortifiait à la fois la puissance ouvrière et la puissance patronale. C'est, dans l'ensemble, la loi la plus favorable à la classe ouvrière qui ait été votée en France depuis un siècle. Elle complétait la législation du ministère Ollivier. Ce sont les bourgeois, remarque

M. de Molinari, qui, en Angleterre comme en France, ont donné aux classes ouvrières la liberté de se constituer. Louis Blanc, l'auteur de *l'Organisation du travail*, ne songeait pas à abolir les lois restrictives de la liberté d'association. Les coryphées socialistes de 1884 présentaient la nouvelle loi comme un simple leurre ; pis que cela, comme une œuvre de réaction et de police, destinée à mettre on tutelle le mouvement ouvrier : elle n'avait d'autre but que d'énerver, dans les syndicats régulièrement constitués, l'esprit de révolution, et ce serait le plus grand éloge qu'on en puisse faire. En dépit de la loi, les tendances intransigeantes continuèrent à dominer ; les syndicats socialistes écartèrent d'eux les quelques syndicats mutuellistes, qui, en 1886, au Congrès de Lyon, firent un dernier effort pour reprendre la direction du mouvement ouvrier.

Cependant, à mesure que les socialistes entraient dans les corps élus, au Conseil municipal de Paris et à la Chambre, la querelle s'envenimait entre les syndicaux et les politiciens, qui prétendaient englober l'organisation ouvrière dans l'organisation politique. Les rivalités et les compétitions électorales sont une pomme de discorde ; l'action économique est un gage d'union dans les syndicats. Une rupture éclatante eut lieu au Congrès de Nantes en 1894, sur une question de tactique, rupture qui se renouvela avec scandale au Congrès international de Londres. Les syndicaux opposaient la grève générale, comme moyen de révolution exclusivement prolétarien, à la conquête des pouvoirs publics, prêchée par les démagogues bourgeois. Les anarchistes prirent aussitôt, dans les syndicats, la place des politiciens socialistes. Ils préconisaient autrefois l'action individuelle, la propagande par le fait, ne voulaient pas entendre parler d'organisations. Depuis les « lois scélérates, » ils se sont à leur tour « terrés » dans les syndicats[7]. Ils propagent tous les modes de petite et de grande guerre industrielle, le boycottage et le « sabottage[8], » poussent à l'action immédiate, aux grèves généralisées. S'ils sont écoutés, c'est qu'ils parlent aux syndicaux le langage que ceux-ci aiment à entendre. Ils exaltent l'indépendance, l'action autonome, la nécessité de faire ses propres affaires, et de ne pas déléguer ce soin aux politiciens ; l'émancipation de toute direction extérieure ; l'importance de rester exclusivement ouvrier, d'exclure toute direction qui aurait pour effet de restaurer des hiérarchies, et de diviser le corps des travailleurs. Ils font contrepoids à ceux qui prêchent le socialisme d'État.

Mais ceux-là aussi rencontrent un accueil favorable dans les syndicats et les congrès ouvriers, qui ne vont pas jusqu'à répudier l'action politique, premier article du dogme anarchiste. La grande majorité des ouvriers trouve très bon, au contraire, qu'il y ait des députés et des ministres tels que M. Millerand, obligés, par leur situation et leurs opinions, à soutenir les exigences ouvrières. Un fait caractéristique, lors de la dernière grève parisienne (octobre 1898), marque bien cette attitude. Aucun élu, soit du Conseil municipal, soit de la Chambre des députés, ne fut autorisé à prendre la parole dans les grandes réunions corporatives qui se tinrent à la Bourse du Travail, en vue d'étendre le mouvement gréviste [9]. On acceptait les offices, les démarches des politiciens socialistes, mais on repoussait leurs conseils. On les prend comme auxiliaires, mais on les écarte comme directeurs.

Le nombre des ouvriers de l'industrie syndiqués en France, bien qu'il s'accroisse sans cesse, n'est encore qu'à l'état embryonnaire. Il atteint à peine le chiffre de 500 000, un huitième de la population industrielle, et les 18 millions d'hommes qui vivent en France de l'agriculture sont tout à fait étrangers à ce mouvement [10]. Et encore n'y a-t-il guère que 200 000 syndiqués qui le soient autrement que de nom, et qui paient des cotisations régulières. La moitié au moins des syndiqués est étrangère au collectivisme. Mais l'influence des syndicats s'étend bien au-delà de leur nombre effectif. C'est le levain qui, à un jour donné, suffit à faire lever la pâte.

Non seulement les forces ouvrières commencent à s'organiser mais déjà elles se concentrent, grâce aux *Bourses du Travail*, fondées depuis la loi de 1884. Il en existe actuellement 55, comprenant près de la moitié du nombre total des ouvriers syndiqués. Fondées dans les villes, grâce aux subventions annuelles des municipalités, dont la moyenne est de 900 à 20 000 francs [11], et analogues aux *Conseils locaux de syndicats* qui existent en Amérique, elles comprennent des ouvriers syndiqués de tous les métiers d'une même ville, réunis dans l'immeuble de la Bourse où ils trouvent de nombreux avantages matériels. C'est, pour la population ouvrière, une prime à se syndiquer. Les Bourses ont une tendance à neutraliser les syndicats en matière politique, sinon religieuse. On écarte les sources de querelles pour ne songer qu'aux intérêts professionnels. Elles ont dépassé le rôle modeste de bureaux de placements, — que leur assignait M. de Molinari, lorsqu'il en eut le premier l'idée, vers 1843, — pour devenir des foyers d'éducation et de propagande. Elles organisent des bibliothèques, des conférences, des cours professionnels, des caisses de secours pour les ouvriers de passage, s'occupent de la lutte économique, de la propagande dans la campagne. Ce sont les « temples du travail, » les « cellules de la société future [12]. »

Les Bourses du Travail marquent le trait particulier de l'organisation ouvrière en France, comme les Trade-Unions en Angleterre et les Coopératives en Belgique. « Leur création, remarque M. Sombart, est une preuve de la façon intensive dont une partie du mouvement syndical se développe en France. Les ouvriers français, jusqu'ici révolutionnaires et politiques, commencent à s'attacher à l'action économique, tandis qu'au contraire les Anglais accusent des velléités de s'écarter du point de vue exclusivement économique, malgré l'antipathie des Trade-Unions pour le socialisme continental [13].

Les Bourses se sont fédérées. Si toutes les villes possédaient des Bourses, et si toutes adhéraient à la Fédération, l'unité de l'armée ouvrière serait constituée.

A côté de la fédération des Bourses, et, à l'origine, en rivalité avec elle, les syndicaux ont fondé au Congrès de Limoges, en 1895, une *Confédération générale du travail*, formée des fédérations nationales de métiers et des syndicats non fédérés. Cette institution répond à des plans grandioses : embrasser le monde du travail, créer une force distincte, indépendante, qui puisse donner aux revendications de la classe ouvrière une force irrésistible ; balayer tout obstacle, en tenant suspendue sur la société bourgeoise, comme une épée de Damoclès, la grève générale. Mais il y a loin, du rêve à la réalité. La Confédération n'existe que sur le papier. Les élémens manquent pour la composer, car rien n'est plus malaisé que de former, d'un bout de la France à l'autre, des fédérations de même métier. Il n'en existe qu'un très petit nombre. Depuis trois ans qu'elle est établie, la Confédération du travail, pour ainsi dire sans ressources pécuniaires, n'a fait d'autre besogne que de convoquer le Congrès corporatif annuel, toujours occupé à remanier la chinoiserie de ses statuts, exercice français par excellence : on cherche à remédier par des révisions de Constitution à l'insuffisance des hommes.

Depuis la décadence des *Chevaliers du Travail*, il s'est formé aux États-Unis une Confédération du Travail, une *Fédération of Labour*, pour lutter contre les associations patronales, les Trusts, et qui dispose de puissants moyens d'action [14]. Les Trade-Unions, en Angleterre, qui jusqu'alors agissaient en corps indépendants, viennent de fonder à leur tour une *Fédération générale du Travail*, à la suite de la grande grève des mécaniciens et du *lock out* de la fédération des patrons, dont les effets furent désastreux pour les ouvriers. Les Unions se sentirent toutes menacées et résolurent de s'unir par un lien fédéral. Un congrès spécial s'est réuni à Manchester en janvier 1899, afin de constituer cet organe de concentration et d'action unifiée, mais avec l'esprit le plus pratique. Point de plans gigantesques, comme en France, pour anéantir les patrons, chasser des usines les directeurs. La tactique est essentiellement défensive. Il s'agit de réunir des ressources financières considérables, et d'en laisser la disposition à des chefs responsables, sans hostilité bornée contre les employeurs, à des chefs investis d'une autorité suffisante pour entrer en pourparlers soit avec la fédération des patrons, soit avec des patrons individuellement. On épuisera tous les moyens de conciliation avant de déclarer une grève. Si elle parvient à fonctionner, la *Labour federation* fortifiera les Unions de métiers, tant par son prestige moral que par ses ressources pécuniaires.

C'est en Danemark que l'organisation des forces ouvrières et patronales atteint le plus haut degré de perfection et où se trouve réalisée la tendance à la concentration que nous venons de signaler en France et en Angleterre.

L'organisation syndicale, les régiments isolés, ne suffisaient donc pas aux ouvriers pour défendre leurs intérêts. La concentration des industries et les alliances des employeurs les portaient à se fédérer partout où la loi le leur permet. Des armées tendent à se substituer aux corps isolés et dispersés. Aux escarmouches, aux engagements partiels, succède la grande guerre.

II. — LA GUERRE INDUSTRIELLE

Un caractère très marqué des grèves dans ces dernières années, grèves qui coïncident avec l'extension et l'activité croissante de la grande industrie, c'est la tendance à se généraliser, soit par le fait des ouvriers, soit par le fait des patrons.

Lorsqu'une grève surgit dans une corporation, elle entraîne les corporations voisines. A la solidarité individuelle entre ouvriers s'ajoute la solidarité entre les syndicats et entre les ouvriers des corporations diverses. Quand les menuisiers de Genève se sont mis en grève, toutes les autres corporations du bâtiment ont cessé le travail. Les tueurs de l'abattoir de la Villette suspendent leurs tueries ; aussitôt les charcutiers se joignent à eux, et les agitateurs s'efforcent d'entraîner tout le service de l'alimentation. Il suffit d'un petit syndicat de puisatiers de 150 membres pour provoquer la grève des terrassiers, puis des ouvriers du bâtiment, qui comprit jusqu'à 20 000 travailleurs ; et un essai de grève générale des employés de chemins de fer, pour toute la France, fut risqué au même moment. De véritables épidémies de grèves se répandent sur toute une contrée, telles les grèves de Saône-et-Loire, de la région de Belfort ; la grève des mineurs, en Belgique, s'étendit à presque tous les bassins houillers. Les chefs des *dockers* de Londres essayèrent de débaucher, à la suite des ouvriers du port de Hambourg, ceux des ports belges, anglais, hollandais et français. Ce fut une tentative de grève internationale.

Les patrons se solidarisent pareillement : de la cause d'un seul ils font la cause de tous : dans une entente commune, ils ferment leurs usines. Les mécaniciens de Londres, lors de la dernière grève, n'avaient déserté les ateliers que par fractions. Ceux qui restaient devaient venir en aide aux chômeurs volontaires. Les patrons déclarèrent le *lock out* général, qui atteignait près de 100 000 personnes : la grève, plus étendue, pensaient-ils, durerait moins longtemps. En Danemark, un *lock out* général, jusqu'alors inouï, a déterminé une grève générale proportionnellement la plus vaste qu'on ait encore vue.

En même temps que les coalitions, les buts poursuivis s'étendent. Il ne s'agit plus seulement d'augmentation de salaires, de diminution d'heures de travail, d'ouvriers renvoyés ou de contremaîtres à congédier, d'enfants ou de femmes introduits à l'atelier, d'inspection du travail, de circonstances de la fabrique, mais bien d'un véritable changement de régime dans l'usine, selon le sens de la démocratie. C'est le caractère le plus frappant des récentes grèves, et sur lequel on ne saurait assez insister.

Le Creusot n'était qu'un village au commencement du siècle : l'établissement industriel n'avait guère d'importance, lorsque les Schneider frères et Cie en prirent possession le 21 décembre 1830. Le Creusot, qui travaille aujourd'hui pour l'armée, pour la marine, fabrique des canons à tir rapide, des mortiers, des obusiers, des tubes lance-torpilles, des tourelles, des plaques de blindage pour les navires, des locomotives, des machines électriques, des ponts, etc., pour tous les pays, est une institution liée à la prospérité nationale. Il occupe une population qui dépasse 40 000 ouvriers employés dans les ateliers, les hauts fourneaux, les mines ; et il faut augmenter ce chiffre par celui des familles. Tout ce monde, groupé autour des instruments de travail, le cri des contremaîtres commandant la manœuvre, le sifflement des machines, les ombres qui, le soir, s'agitent à la lueur fantastique du fer rougi, ou de la blanche coulée de l'acier Bessemer, le bruit du marteau cyclopéen qui fait jaillir une pluie de feu, tout cela forme un spectacle inoubliable, de cette poésie grandiose que le peintre Menzel a tenté de rendre dans sa *Forge*, et laisse mieux, à la réflexion, soupçonner et comprendre la nature des questions ouvrières que de longs traités et de gros livres. Mieux encore, pour les sentir, il faudrait avoir vécu ce genre de vie. Le régime institué par Eugène Schneider était celui que l'on désigne sous le nom de despotisme éclairé : c'était le régime cher aux philosophes du siècle dernier, le régime qu'un Voltaire fidèle à ses idées y eût institué lui-même. Eugène Schneider avait créé des écoles, élevé des églises, fondé des bibliothèques, organisé des hôpitaux. Il avait réussi à supprimer l'ivresse, ce fléau des classes ouvrières, si grand obstacle à leur émancipation ; écarté les procès, établi l'entente entre les diverses catégories d'ouvriers : mécaniciens, forgerons, mineurs etc. ; assuré la stabilité du personnel. L'activité la plus pacifique régnait au Creusot, avec la surveillance, l'ordre et la discipline qu'exige une si grande entreprise. La politique ne jouait aucun rôle. Même en 1848, l'interruption du travail n'avait été que passagère. La grande grève de 1870, née de l'effervescence générale qui annonçait la fin de l'Empire, n'avait point laissé de traces. Sous la troisième République, bien que M. Schneider fût conservateur et eût occupé les plus hautes charges de l'Empire, aucun ministre ne lui avait fait opposition. M. Eugène Schneider étant mort en 1878, son fils, puis son petit-fils continuèrent son œuvre, développèrent les institutions patronales. Mais, en même temps que la direction nouvelle était peut-être moins réservée en politique, un esprit d'indépendance farouche, succédant au loyalisme, à l'attachement familial des anciens ouvriers, animait la jeune génération, sollicitée depuis une dizaine d'années à la révolte par une propagande incessante. M. Schneider était député, mais sa majorité diminuait. L'agitation politique et sociale, résultat de l'affaire Dreyfus, avait son contre-coup dans la région. Mille à quinze cents jeunes ouvriers réussirent à entraîner dans une grève la masse flottante, à la fin de juin, au moment où les commandes abondaient, où le travail était pressant. Ils obtinrent gain de cause au bout de cinq jours, non seulement une augmentation de salaire, mais la reconnaissance d'un syndicat, susceptible, dans l'esprit des meneurs, de comprendre un jour dix mille membres, et de tenir en échec l'autorité patronale ; M. Schneider respectait le droit des ouvriers de former des syndicats, déclarait qu'il recevrait ses ouvriers individuellement, comme par le passé, sans se préoccuper de savoir s'ils étaient ou non syndiqués, mais il réservait sa liberté absolue de traiter directement avec eux seuls, sans aucun intermédiaire [15]. Une si longue fermentation ne pouvait disparaître complètement. La grève, sous un prétexte futile, recommençait du 20 au 29 septembre. Elle n'avait d'autre but que de consolider les résultats obtenus par le mouvement de juin. On en connaît les incidents, et la solution du conflit par la sentence arbitrale de M. Waldeck-Rousseau, qui, fait remarquable, a satisfait tout le monde. M. Waldeck-Rousseau établissait une sorte de Conseil d'Usine, comme il en existe en Angleterre, devant se réunir tous les deux mois, composé de représentants élus non par le syndicat, mais par tous les corps d'ouvriers, indistinctement. Un second syndicat s'est constitué depuis dans les usines du Creusot, en opposition à l'esprit foncièrement hostile du premier. Quel que soit celui des deux qui l'emporte, les organisations ouvrières sont introduites dans l'usine.

La première grève du Creusot s'est étendue par contagion à Montceau-les-Mines, qui se trouve à deux heures de distance. Les mêmes agitateurs, venus du dehors, y ont fait avec succès la même prédication.

Plus encore que le Creusot, la compagnie des mines de Blanzy, dont dépend Montceau, offre le modèle d'une institution d'ancien régime, dans la meilleure acception du mot. Les écrivains socialistes ne cessent de nous dépeindre l'inhumanité du régime de la grande industrie, plus dur pour l'ouvrier que ne le fut l'esclavage. L'employeur, disent-ils, n'achète sur le marché que la force musculaire, sans se soucier de la créature humaine ; le maître soignait l'esclave quand il était malade, il n'épuisait point sa force de travail, il le nourrissait encore dans sa vieillesse, en souvenir des services rendus. L'ouvrier moderne est exposé au tourment des prévisions économiques, à l'insécurité de l'avenir, à une vieillesse lugubre, qui ne lui laisse d'autre perspective que de mourir de privations sur son grabat. Rien de semblable ne se voyait à Montceau ni à Blanzy. Par tradition de famille, conscience personnelle, souci de l'accomplissement des devoirs sociaux, les directeurs de la Compagnie de Blanzy, M. Chagot, puis M. de Gournay, suivaient, assistaient l'ouvrier de sa naissance à sa mort. Ils pourvoyaient à l'éducation, à l'instruction des enfants. Le travail dans la mine n'est jamais régulier : la nature de la production, les conditions du marché, l'inégalité de l'emploi de la houille, selon les saisons, exposent le mineur à des chômages. On avait remédié à cet état de choses. De vastes ateliers de vannerie, de tissage, avaient été créés pour occuper les femmes. La force électrique devait être distribuée à domicile, afin de permettre à la femme de travailler, sans déserter son foyer. Les frais de tant d'établissements étaient prélevés sur les bénéfices des entreprises, si bien que, durant les dernières années, le dividende distribué restait stationnaire, tandis que les salaires montaient. Comme au Creusot, la meilleure entente régnait entre la direction et la population ouvrière, qui s'associait à tous les événements de famille de chefs respectés et aimés.

Toute protection entraîne une certaine dépendance. Le patronage trop développé éveille l'esprit d'association, et, pour peu qu'il rencontre des entraves, il devient accessible au socialisme révolutionnaire. En 1882, Montceau-les-Mines avait été choisi pour théâtre des exploits anarchistes, des premiers attentats à la dynamite. C'était l'œuvre de quelques jeunes gens. La Compagnie comprit le courant irrésistible qui porte les ouvriers à se délasser de leur travail quotidien, à dépenser leur activité au dehors, à s'occuper, d'une façon indépendante, de leurs intérêts communs. Des sociétés coopératives, une société financière, *la Prudence*, sorte de banque populaire, étaient destinées à acheminer les ouvriers à des groupements sur le terrain économique.

Dans le rapport de l'*Enquête sur le Travail et la sécurité dans les mines* fait en 1896, au nom de la commission nommée par la Chambre, par M. Lacombe, député, commission qui avait pour président M. Bovier-La pierre, et qui comprenait entre autres membres MM. Jaurès et Millerand, Montceau-les-Mines est représenté comme « le dernier mot du pouvoir patronal concentré sur la tête d'un homme qui seul dirige entièrement et administre l'entreprise. » Interrogé par la Commission, le préfet de Saône-et-Loire, dont le témoignage ne peut être suspect de partialité, constate que « la Compagnie de Blanzy est une de celles qui ont fait le plus de sacrifices pour leurs ouvriers : aussi s'offrent-ils volontiers ; la grande majorité est satisfaite, la moitié des ouvriers sont propriétaires de leurs maisons. » Il constate qu'il n'y a pas de syndicat, mais que, « s'il s'en formait un, il pourrait peut-être vivre, car l'attitude politique de la Compagnie a changé. » — « La Compagnie, lui demande-t-on, exerce-t-elle une surveillance occulte [16] ? — Oui, répond-il ; mais, si les ouvriers voulaient voter républicainement, ils le pourraient [17]. » Les journaux radicaux socialistes de la région faisaient à la Compagnie une guerre acharnée. Ils se proposaient « de démolir moralement, en attendant mieux, la forteresse industrielle et cléricale, obstacle à l'émancipation ouvrière, » et les condamnations pour diffamation n'arrêtaient pas leur propagande. Comme nous l'avons dit, l'exemple du Creusot a été contagieux pour Montceau. Au 1er mai de cette année, les ouvriers refusaient d'écouter les orateurs socialistes. Lorsqu'ils se sont mis en grève, les mineurs, à la sortie des puits, ne savaient quelles revendications formuler. Ils ont formé leur syndicat, auquel ils se sont inscrits en masse, et ils cherchent à introduire dans la mine, comme le leur enjoignaient les meneurs, un syndicat démocratique.

Le *paternalisme* bienveillant et bienfaisant devient de plus en plus difficile au milieu de ces grandes agglomérations ouvrières, accessibles à tous les courants du dehors. Il augmente les points de contact, et, par suite, les occasions de conflit entre employeurs et employés. Les ouvriers s'imaginent volontiers que les institutions patronales se fondent et se maintiennent par un prélèvement fait sur leurs salaires, ou deviennent une source de bénéfices d'oppression et de production intensive. M. Paul de Rousiers nous a conté [18] comment la grande grève Pullman aux États-Unis, en 1894, qui prit de si grandes proportions, naquit d'un esprit de philanthropie inopportun et mal entendu. M. Pullman poursuivait avec une ténacité de Yankee le but de former non seulement un personnel d'employés, mais une population entière composée de ses ouvriers et de leurs familles, à des habitudes de vie matérielle qui puissent élever leur niveau moral, intellectuel et social. Malheureusement l'entreprise se trouvait viciée par un défaut grave, la confusion dans les mêmes mains du rôle d'employeur, de celui de propriétaire et de bienfaiteur. Le « paternalisme » autoritaire de M. Pullman inspira une telle haine à ceux qui en étaient l'objet que, lorsqu'il vint à mourir, il fallut sceller son cercueil dans la tombe pour le dérober au ressentiment populaire [19]. Le patronage indirect de M. Carnegie a eu plus de succès. Dans ses fondations de Pittsburg, il n'agit sur personne par contrainte, il met simplement à la portée de ceux qui veulent monter un élément pour les y aider. En Amérique comme en France, nombre de patrons s'inquiètent assez peu en général de leurs employés ; et il en est qui attribuent à cette abstention complète la paix qui règne dans leurs usines.

Si les ouvriers écartaient l'action patronale comme une tutelle, pour prendre eux-mêmes l'initiative des institutions de prévoyance, on devrait considérer cet effort comme un progrès. Mais, en France, c'est trop souvent vers l'État qu'ils se tournent ; ils réclament de lui l'assistance, l'intervention dans leurs conflits, tout un vaste système d'assurances, organisé non, comme en Allemagne, par une monarchie autoritaire, mais par une république que le suffrage universel et l'ambition des politiciens subordonnent à leur volonté.

La grève récente des mineurs belges, comme les grèves du Creusot et de Montceau-les-Mines, présente de même un caractère social bien plus économique. En Belgique comme en France, les mineurs ont obtenu, durant ces dernières années, des augmentations de salaires : ils prétendent qu'elles ne correspondent pas à la hausse des bénéfices ; mais ils visent bien au-delà. Les mines belges appartiennent à des sociétés par actions : la direction a peu de rapports immédiats avec les ouvriers. Elle reçoit les réclamations isolées, mais non les revendications d'ensemble, et fait obstacle à toutes les tentatives en ce sens. C'est ainsi que la direction n'avait pas répondu aux demandes écrites des délégations régionales. La grève, pendant de longues semaines, a interrompu le travail dans la plus grande partie de l'industrie charbonnière en Belgique. L'espoir de solidarité de la part des mineurs anglais ne s'est pas réalisé : le charbon est entré en quantités considérables. Les patrons s'étaient coalisés : il s'agissait, pour eux, de vaincre à tout prix ; un échec eût fait passer la direction de leur industrie aux mains des ouvriers. Ceux-ci ont dû borner leur ambition à une promesse d'augmentation de salaires.

Une fois constitués et reconnus, les syndicats prétendent intervenir dans la direction de l'usine. La grande grève des mécaniciens anglais, l'an passé, portait en réalité non sur la journée de huit heures, qui n'était qu'un prétexte, mais sur les droits respectifs du patronat et des syndicats, sur les degrés et les limites de ces droits, sur la faculté, pour les ouvriers, de fixer l'heure où la fabrique sera ouverte, de déterminer le nombre des apprentis, de régler le genre de travaux confiés à tel ou tel ouvrier, ceux qui pourront être donnés à prix faits, etc. Si les patrons ont opposé une telle résistance et proclamé le *loch out* général, c'est qu'il s'agissait de mettre fin à une situation intolérable. L'Union des mécaniciens s'opposait au perfectionnement de l'outillage, qui rend moins rémunératrice l'habileté professionnelle.

Le fond de la dispute du *lock out* danois était exactement le même : savoir si, oui ou non, les employeurs devaient exercer un contrôle suffisamment libre sur l'arrangement du travail qu'ils dirigent ; fixer un terme à l'empiétement sur cette liberté de la part des organisations ouvrières ; ralentir le mouvement ouvrier ; combattre les syndicats. Sur 2 200 000 habitants, le Danemark comprend plus de 80 000 syndiqués ; la proportion est plus forte qu'en Angleterre. La presse socialiste danoise compte 1 abonné sur 67 habitants ; en Allemagne, les journaux *social-démocrates* ne jouissent que de 1 abonné sur 131. Les associations syndicales danoises peuvent rivaliser avec les Trade-Unions ; les coopératives, avec les mêmes institutions en Belgique ; le parti politique égale par son fonctionnement la *social-démocratie* allemande. La fédération des patrons d'un côté, les fédérations ouvrières de l'autre, ont engagé, du 24 mai au 4 septembre, une guerre sociale de quinze semaines, qui s'est étendue de 10 000 à 50 000 ouvriers, la moitié des travailleurs organisés du pays. Un ménage sur cinq ou six se trouvait atteint. La proportion, en Allemagne, eût été de un million de chômeurs. La querelle eut pour origine le refus des menuisiers de se soumettre à un tarif, accepté d'un commun accord par l'organisation supérieure des ouvriers et par celle des patrons. A la suite de ce refus, les patrons formulèrent de nouvelles exigences, et le conflit s'étendit bientôt par la volonté des patrons, qui fermèrent les ateliers et les usines, à toutes les corporations du bâtiment, puis à l'industrie du fer [20]. Les ouvriers danois ont célébré la fin du *lock out*, comme le triomphe du parlementarisme industriel sur le régime absolutiste. En réalité, le conflit s'est terminé par un compromis. Un tribunal d'arbitrage permanent, composé d'autant d'ouvriers que de patrons, doit être établi, et le gouvernement lui donnera la reconnaissance légale. Patrons et ouvriers ont mesuré leurs forces. Chacun garde ses positions.

Ce n'est pas seulement dans l'industrie privée que nous voyons user de l'arme de la grève : témoin cette grève des facteurs, au printemps dernier, qui laisse entrevoir quel trouble l'interruption d'un service public pourrait apporter dans les relations sociales. Les facteurs de Paris sommaient le gouvernement et la Chambre de leur payer 2 millions par an, comme supplément à leur solde. Ils avaient contre eux l'opinion, les journaux, la majorité des députés, le gouvernement. Le Parlement leur a cependant accordé la moitié du crédit, et la grève a en partie réussi. M. Millerand vient d'en effacer les dernières traces ; il a réintégré les facteurs déplacés. On l'a remarqué à ce propos : même en régime collectiviste, on ne serait pas à l'abri des grèves.

Tous les États cherchent à mettre obstacle à la grève des employés des services publics, de ceux qui dépendent de lui, non pas seulement d'une manière directe, comme l'armée, la police, les magistrats, mais, d'une façon indirecte, dans les postes, les manufactures qui sont le monopole de l'État. En Allemagne, un projet de loi donnant le droit de punir les grévistes, s'ils compromettent l'intérêt de l'Empire et des États, a été repoussé par le Reichstag. En Italie, un simple décret a suffi pour établir ce droit. En Angleterre, les employés et les ouvriers de l'État, autres que ceux soumis au service militaire, doivent donner congé dans un délai qui varie de huit jours à un mois. Il on est de même pour les chemins de fer et tramways. Si les délais ne sont pas observés, les ouvriers perdent le salaire acquis, et sont exposés à des dommages-intérêts [21]. En France, le projet de loi Merlin-Trarieux déniait le droit de grève aux employés des chemins de fer et des arsenaux de l'État. On imagine les conséquences d'une grève des chemins de fer, même partielle, en cas de mobilisation. Le patriotisme d'une catégorie de serviteurs d'élite, tels que les mécaniciens, est sans doute une garantie ; mais tout ne dépend point d'eux. Les syndicaux même modérés, tels que les typographes, adversaires habituels de la grève générale, l'acclament dans les congrès pour le cas où ce projet de loi serait définitivement voté par la Chambre.

Les *social-démocrates*, qui répudient d'ordinaire la grève générale, l'ont organisée deux fois en Belgique pour obtenir du gouvernement l'extension du suffrage ; et si le ministère catholique eût poussé jusqu'au bout la résistance, à propos des modifications qu'il projetait au système électoral, le trône du roi Léopold était ébranlé, non par l'émeute, mais par la révolution des bras croisés. — Un des docteurs du socialisme allemand, M. Kautsky, blâmant l'entrée de M. Millerand dans un ministère bourgeois, conseillait la menace et la préparation de la grève générale comme suffisante pour protéger la République contre toute tentative de réaction.

Les anarchistes enfin, les syndicaux révolutionnaires propagent avec un zèle extrême, d'un bout de la France à l'autre, par les discours et par les brochures, l'idée d'une grève générale, pouvant aboutir non plus seulement à des conquêtes démocratiques, mais à un bouleversement social. La tentative, si misérablement avortée, de M. Guérard pour faire éclater la grève des chemins de fer n'était pas étrangère à cette vision. Par suite de l'interdépendance des métiers, il n'est pas besoin que tout le monde consente à cesser le travail ; il est interrompu par le fait de quelques-uns. Les rouleurs de charbon dans une mine, en désertant le chantier, pourraient suspendre la production. Une grève internationale des mineurs condamnerait à l'inaction toutes les usines, les chemins de fer, les bateaux à vapeur. L'arrêt du gaz à Paris réduirait au silence tous les moteurs à gaz et mettrait sur le pavé une centaine de mille ouvriers.

La grève générale est la forme que prend l'idée révolutionnaire dans les têtes des militants. La répression de la Commune les a dégoûtés des insurrections à main armée. La conquête des pouvoirs publics par le bulletin de vote est trop longue et trop lente à leur gré, et trop incertaine. Faudra-t-il donc attendre que la présidence de la République, voire la Papauté, soient occupées par des camarades ? Et puis ils se défient des politiciens socialistes. La grève est un moyen de révolution populaire et spontané, spécial au prolétariat, de plus en plus malaisée à réprimer, à mesure qu'elle s'étend, soustraite à la direction des politiciens, et destinée *à rouler sur leurs têtes* [22]. Par la grève irrésistible se livrera peut-être la lutte suprême contre la société capitaliste.

Ce rêve de grève générale hantait les ouvriers anglais au temps du Chartisme. M. Sidney Webb la considère comme une maladie de croissance. Un instant, au moment critique de la grève des *dockers*, en 1889, le projet d'une grève générale a flotté dans l'air, pour être bien vite abandonné comme impraticable. Jusqu'à preuve du contraire, nous tiendrons cette grève pour une idée simpliste. L'indifférence croissante du monde ouvrier pour la démonstration du 1er mai en faveur de la journée de huit heures, destinée à servir de ralliement aux forces prolétariennes, unies le même jour, dans le monde entier, sous les plis du drapeau rouge, ne peut que nous confirmer dans cette opinion.

D'autre part, on attire notre attention sur cette facilité d'entente et d : accord d'un bout à l'autre du territoire national, et d'un bout de l'Europe à l'autre, créé par la presse, par les voies de communication si rapides [23]. C'est un état absolument nouveau dans l'histoire que ces conditions de concert réalisées pour les foules laborieuses. « Il faut s'attendre à des effets qui seront surprenants à proportion. »

III. NÉCESSITÉ D'UN « MODUS VIVENDI » ENTRE LE TRAVAIL ET LE CAPITAL

Des espérances sans bornes hantent l'esprit des foules. Elles vivaient autrefois dans une sorte de résignation hébétée à un ordre qu'elles considéraient comme immuable. Elles s'imaginent aujourd'hui qu'on peut tout changer au gré de leurs désirs, et les politiciens s'évertuent à les entretenir dans ces illusions. « L'hypothèse collectiviste, disait à Lille M. Millerand, n'est pas seulement une hypothèse légitime et féconde, elle est encore tous les jours vérifiée par les faits [24]. » Mais il négligeait d'énumérer ces faits. M. Millerand, avant d'être ministre, faisait encore cette déclaration dans une réunion publique, lors de l'expropriation des industriels en vue des services publics : « L'indemnité sera payée aux pauvres, elle sera refusée aux riches [25]. » Sans doute M. Millerand a été timidement désavoué par M. Waldeck-Rousseau. Le président du Conseil a déclaré à la tribune que M. Millerand, à Lille, avait dépassé la pensée du ministère, qu'au bout de toutes ses théories il y aurait « des déceptions. » M. Waldeck-Rousseau a l'oreille de la Chambre, mais M. Millerand possède celle des foules. Et comment s'étonner après cela que les agitateurs aillent dire aux grévistes, pour les exciter à la résistance et à la révolte, que les usines sont à la veille d'être expropriées, — et que ceux-ci les croient ? Il existe pourtant, parmi les socialistes, des esprits critiques, des hommes de bonne foi, plus préoccupés de vérité que de politique électorale, parlementaire ou ministérielle, et qui osent écrire que le collectivisme doit être relégué dans un lointain avenir, qu'une expropriation n'est ni possible, ni souhaitable, attendu que ni l'État ni les syndicats ne seraient en mesure de se substituer à l'initiative individuelle, et que, de longtemps, on ne pourra se passer d'entreprises privées [26].

L'ignorance des conditions industrielles, l'indifférence méprisante vis-à-vis des faits, voilà ce qu'il faudrait avant tout dissiper chez les ouvriers, au lieu d'exciter démesurément leurs convoitises sans pouvoir les satisfaire. Les classes populaires exigent toujours de plus grands sacrifices de la communauté, et la communauté ne sera en état de les consentir que dans la mesure où l'appareil technique de l'industrie deviendra plus productif, s'accroîtra infiniment.

Or, les conditions générales de l'industrie ne changent point ; les facteurs essentiels restent les mêmes, nous n'en connaissons point d'autres que le capital, l'intelligence et le travail. Ils sont unis d'une façon indissoluble. Il s'agit seulement de les développer, de trouver entre eux sinon l'accord, du moins le meilleur *modus vivendi*.

Les socialistes qui appartiennent à l'école de M. Millerand résolvent la question du capital privé par l'expropriation et la confiscation. Ils oublient seulement ou affectent d'oublier que le capital mobilier est moins aisé à confisquer que ne l'étaient, au siècle dernier, les terres seigneuriales et les biens de mainmorte. Nous pourrions citer de mémorables exemples. A la mort d'un des présidents de notre République, vieux républicain s'il en fut, le public apprit avec étonnement par les gazettes, presque avec scandale, que le gouvernement qu'il dirigeait lui offrait si peu de sécurité qu'une notable partie de sa fortune s'était réfugiée en Angleterre. Même constatation fut faite pour un très grand poète, l'aède de la démocratie. Lors du ministère de M. Léon Bourgeois, quand M. Doumer déposa sur le bureau de la Chambre ce malencontreux projet d'impôt inquisitorial sur le revenu, blâmé par les socialistes réfléchis [27], ce n'est un secret pour personne que de nombreux capitaux français commencèrent un véritable exode au-delà des frontières ; nombre d'entreprises furent suspendues, ajournées. Et il serait injuste d'en faire un reproche aux capitalistes ; Marx lui-même ne les rend point responsables des inquiétudes et des appétits du capital, qui a un caractère indépendant de ses détenteurs [28]. Par là on voit à quel point se justifie le mot d'ordre de M. Millerand à tout son parti : *Avoir peur de faire peur…* si on l'applique au capital. Il est fâcheux seulement que M. Millerand tienne si peu compte de ce conseil dans ses discours. Dans notre pays, les ressources mobilières, toujours économisées et accrues, n'ont que trop de tendance à se diriger vers une destination tout autre que celle des entreprises industrielles, commerciales, agricoles. L'instabilité politique en France, l'insécurité qui s'y joint (et non le cléricalisme), est une des causes du ralentissement des entreprises, en comparaison de l'Allemagne, de l'Angleterre et des États-Unis. Tel homme d'avenir, intelligent, actif, avisé, à la recherche de commanditaires pour créer un établissement industriel, les trouverait peut-être plus aisément, s'il devait fixer son entreprise à l'étranger.

L'abondance et la confiance des capitaux sont la première des conditions auxquelles se fonde la grande industrie. L'intelligence dans la direction n'est pas moins essentielle. Les classes ouvrières ne s'en rendent pas assez compte. Il ne s'agit pas ici de la direction technique : ingénieurs, chimistes, mécaniciens, etc., mais de la direction générale, non moins essentielle. L'esprit démocratique fait peu de cas de la valeur des individus ; il oublie que, selon le mot de Goethe, « c'est une tête qui fait mouvoir des milliers de bras. » Il oublie l'importance personnelle de ces conducteurs d'hommes et d'entreprises, fondateurs de cités industrielles, grand capitaines de l'industrie. Existerait-il un Creusot sans un Eugène Schneider ; un Pittsburg sans un Carnegie ? Tous les socialistes reconnaissent que les salaires croissent en proportion de la grandeur des industries, que, par suite, l'ouvrier américain est, à ce point de vue, de beaucoup le mieux partagé. Or, il n'existe pas de pays où les affaires soient conduites d'une façon plus autocratique, plus monarchique, et cela avec des unions ouvrières étroitement organisées. Un Carnegie, qui occupe le premier rang dans le monde pour la fabrication de l'acier Bessemer et des rails d'acier, un Rockfeller, ce roi du pétrole, doivent leur succès à la quantité de capitaux dont ils disposent, à la situation particulièrement avantageuse de leurs usines et de leurs mines, et par-dessus tout aux dons remarquables de leur intelligence et à leur étonnante activité [29]. Ces hommes conduisent leurs entreprises gigantesques comme s'il s'agissait d'une petite industrie, d'un petit commerce. La tendance française va bien plus vers la complication : l'unité, l'indépendance de direction souffre de tout l'enchevêtrement d'un appareil bureaucratique, de l'humeur tatillonne des conseils d'administration, qui devraient se borner a un contrôle. On conçoit ce que deviendraient les industries soumises à des conseils électifs d'ouvriers, discutant non plus seulement des questions de sécurité, comme dans les mines, de règlements, de salaires, mais intervenant dans la conduite même de l'usine. Le régime parlementaire a donné, partout ailleurs qu'en Angleterre, des résultats si insuffisants, que l'on peut, *a priori*, éprouver une grande défiance du parlementarisme industriel. C'est justement ce manque de capacités supérieures, personnellement intéressées au succès de l'entreprise, et libres dans son gouvernement, qui forme un obstacle à peu près invincible au succès des coopératives de production. Dans le règlement primitif de la verrerie ouvrière d'Albi, nous lisons « que la liberté la plus grande est donnée aux ouvriers de diriger le travail à leur gré, » mais nous serions fort étonnés s'il n'y avait pas à Albi quelque esprit dirigeant, obéi de tous, dont l'action soit déterminante pour le succès de l'entreprise. Une verrerie de quatre cents ouvriers ne se peut d'ailleurs comparer à des établissements qui comptent des milliers de travailleurs de différents métiers ; et, pour des millions d'employés de l'industrie, l'exemple ne serait pas assez probant.

Le travail [30], la force musculaire, l'habileté et la promptitude d'exécution ne sont pas moins essentiels que l'intelligence directrice et le capital ; si le travail a des intérêts identiques à ceux du capital et de l'intelligence en ce qui touche la production, il en a de nécessairement opposés quant à la répartition : ainsi le veut la *loi de l'économie de l'effort* qui domine toute la nature, et qui fait que chacun cherche à économiser sa peine et à accroître son gain. Le travail ne peut vivre en perpétuelle harmonie ni avec le capital ni avec l'intelligence directrice, et il ne peut vivre non plus en guerre perpétuelle avec eux : *nec tecum, nec sine te*, ainsi que le disait le poète latin à sa maîtresse. La tête a une tendance naturelle à épuiser la force des bras, qui se révoltent contre elle, alors que, privés de son secours, ils resteraient inertes et paralysés.

Les grèves produisent des effets bienfaisants, en tant qu'elles provoquent l'augmentation des salaires, qu'elles empêchent ainsi le travail de se détériorer, de s'avilir. Elles fixent les prix de manière à obtenir un maximum de bien-être. La conservation, l'élévation des classes ouvrières, qui intéresse l'humanité au premier chef, ne présente pas moins d'importance au point de vue de la productivité. Mais les grèves n'acquièrent ces résultats qu'au prix de pertes considérables. Armes à deux tranchants, elles blessent à la fois patrons et ouvriers. Les guerres industrielles, non moins que les guerres militaires, méritent un chapitre à part dans le bilan qu'on a dressé [31] des gaspillages, des forces perdues, dans les sociétés modernes. Pour ne citer que la dernière grève des mécaniciens anglais, l'organisation ouvrière la plus puissante et la plus riche du monde entier, elle a englouti 7 millions ; elle coûtait aux grévistes 360 000 francs par semaine. Les patrons, de leur côté, ont vu les exportations diminuer de 12 millions. Aux États-Unis, les grèves présentent une autre envergure. De 1881 à 1884, la statistique officielle a enregistré environ 45 000 grèves. Elles ont mis en chômage 4 millions d'ouvriers environ, et auraient coûté, en chiffres ronds, un milliard de francs aux associations, sans compter, bien entendu, les pertes des employeurs [32]. On estime le succès des grèves, en Amérique, à 45 pour 100, en France et en Angleterre, à 20 et à 22 pour 100.

A proportion que les effets des deux guerres, militaire et industrielle, deviennent désastreux, la nécessité s'impose de chercher d'autres moyens pour régler les différends, et apaiser les conflits. On préconise la conciliation et l'arbitrage, sans être encore parvenu à en assurer l'efficacité. Le gouvernement allemand a essayé de faire voter sa « loi du bagne, » *Zuchthausvorlage*, qui punit avec une extrême rigueur toute excitation à la grève : il vient d'échouer devant le Reichstag. M. Yves Guyot [33], en réponse à une proposition de MM. Guesde et Vaillant d'organiser légalement le droit de grève, demandait qu'on rétablît, au contraire, l'article 416 du Code pénal, abrogé malencontreusement par l'article 1er de la loi de 1884 sur les syndicats professionnels, et qui punit d'emprisonnement et d'amende les ouvriers, patrons, entrepreneurs reconnus coupables d'avoir porté atteinte au libre exercice de l'industrie et du travail... Ce ne seraient là que des palliatifs.

Le but à atteindre consisterait, comme le dit M. de Rousiers, à voir l'ère des relations diplomatiques et des discussions raisonnables succéder à l'ère de guerre perpétuelle. Entre deux puissances de même force, les chances de conflit aigu s'éloignent. La lutte est trop incertaine : on tente au préalable de discuter et de s'entendre. A mesure qu'augmente l'importance des groupements ouvriers, leur intervention s'exerce d'une façon plus intelligente eu égard à leurs intérêts professionnels, ils cherchent à entretenir de véritables rapports d'affaires avec leurs employeurs. Et il en est de même des syndicats d'entrepreneurs. Sans doute la paix n'est pas assurée par-là. Les grèves et les *lock out* de Londres et de Danemark ont été justement le résultat de ces vastes organisations : mais on ne s'engage pas à la légère dans des luttes pareilles. A la suite de cette nouvelle politique de compromis succédant à celle des représailles, on a constaté aux États-Unis que la proportion des grèves ordonnées par les unions est descendue de 82,4 pour 100 à 69 pour 100 [34]. Des organisations d'ouvriers et de patrons pareillement puissantes peuvent devenir un gage d'entente, de paix relative.

Un publiciste, M. Hector Dépasse, écrivait à propos de la grève du Creusot : « On a souvent remarqué entre les patrons anglais et les patrons français une différence qui explique bien des choses. Les patrons, en Angleterre, les grands chefs et créateurs d'industrie n'ont pas craint d'organiser leurs ouvriers, ils les ont aidés à se donner des chefs à eux-mêmes, à se créer des bureaux, des conseils, des associations, parce qu'ils sentaient qu'alors ils auraient affaire à des hommes conscients et responsables ; ils savent à qui s'adresser dans les difficultés pour les résoudre, et ils savent aussi que les engagements pris seront fidèlement tenus. Au contraire, les directeurs d'industrie, en France, aiment mieux se trouver en présence d'individus isolés, d'une poussière d'hommes qui s'agite confusément autour d'eux. Ils préfèrent traiter avec des ateliers anarchiques plutôt qu'avec des syndicats organisés. Mais alors ils n'ont aucune garantie, personne ne répond des conditions souscrites envers le patron. Et qui dira quels effets différents doivent être exercés, par l'organisation et la vigueur des uns, par l'anarchie et la faiblesse des autres, sur la force et la fécondité, et la qualité de la production elle-même ? Et de deux peuples qui comprennent si contrairement l'usine moderne, quel sera, croyez-vous, le vainqueur dans la concurrence universelle [35] ? »

M. de Molinari, dans une étude sur *la Guerre civile du travail et du capital*[36], préconise le même changement de régime industriel, *la substitution du Contrat collectif au Contrat individuel.* » A la longue, les industriels ont fini par reconnaître qu'en traitant avec les collectivités ouvrières pour la conclusion du contrat de travail pendant une durée plus ou moins longue et toujours renouvelable, ils obtiennent une sécurité que ne présente pas le contrat individuel. Ils ne sont pas exposés à l'abandon soudain du travail au moment où les commandes affluent. Ils peuvent réclamer des dommages-intérêts à l'union, si elle manque à ses engagements. Le contrat collectif, préféré par les patrons au contrat individuel, tend à diminuer sensiblement les grèves.

M. de Molinari et M. Dépasse constatent que cette appréhension pour l'organisation ouvrière s'est montrée assez clairement dans la grève du Creusot. Mais il importe de rappeler que les rapports d'ouvriers à patrons ont été longtemps, en Angleterre même, aussi anarchiques qu'en France, et que la diversité de caractère du mouvement ouvrier, dans les deux pays, répond aussi à une inégalité de développement. Les trade-unionistes de 1833 songeaient à supprimer les employeurs capitalistes. Ils se heurtaient à un refus absolu de tolérer, ou même de reconnaître leur organisation. Ce n'est qu'à partir de 1850 qu'on a vu peu à peu se constituer, en Angleterre, une hiérarchie spéciale du travail dans les syndicats, qualifiés pour représenter les unions vis-à-vis des employés. Les patrons français, au moment des grèves, se trouvent en présence de syndicats improvisés, de syndicats de combat, composés non des travailleurs les plus sérieux et les plus posés, mais de jeunes militants, chez qui l'ardeur des convictions supplée à l'expérience. Endoctrinés par les employés révoqués, les cabaretiers, les journalistes, les futurs candidats aux élections, qui tous vivent en marge du monde du travail, ils prennent aussitôt une attitude comminatoire. La foule qu'ils entraînent dans le syndicat vote des décisions chimériques, affiche des prétentions excessives qui dépassent de beaucoup le redressement de leur griefs légitimes. L'autorité des chefs du syndicat sur leurs camarades est si précaire, que, s'ils acquièrent le sens de la responsabilité, un peu de cet esprit politique qui naît d'ordinaire de l'exercice du pouvoir, ils deviennent suspects de modérantisme, et se voient aussitôt dépassés et débordés. Comme, d'autre part, ils n'ont pas de ressources pour prolonger la résistance, les patrons n'ont aucun intérêt à entrer en pourparlers avec eux.

On répond à cela que l'apprentissage de la liberté ne se fait pas en un jour, que la violence naît de la pauvreté et de la faiblesse. L'exhibition du drapeau rouge, l'appel à l'intervention du gouvernement, les projets d'exode vers Paris ne suppléent pas au nerf de la guerre et de l'indépendance, à l'argent. Mais, le jour où les syndicats français comprendront qu'il s'agit non de lever les mains pour voler des résolutions, mais de porter la main à la poche pour les soutenir, le jour où ils deviendront capitalistes, comme en Angleterre, ils se sentiront animés d'un tout autre esprit.

Afin de hâter cette évolution, M. Waldeck-Rousseau, au lendemain de la sentence d'arbitrage qui mettait lin à la grève du

Creusot, promettait que le gouvernement déposerait à la rentrée des Chambres un projet de loi complétant la loi de 1884, et ajoutant, à la personnalité juridique des syndicats, la capacité commerciale, afin d'étendre indéfiniment le champ de leur activité. M. Waldeck-Rousseau avait annoncé jadis ce complément nécessaire à son œuvre, lorsqu'il disait : « Le but est d'amener le salariat à la propriété commerciale et industrielle. Le travail doit sortir de l'isolement par des organisations collectives. Ce n'est pas du socialisme, c'est le progrès social. Il ne faut pas écarter le capital, mais il faut rendre possible son acquisition. Il faudra, dans un avenir prochain, que le capital travaille, et que le travail possède. » On ne saurait mieux dire. Mais la capacité légale d'acquérir n'en comporte pas l'aptitude effective, et tout dépend, en dernière analyse, de la valeur des individus [37].

Il suffit de l'observation la plus superficielle du mouvement des classes ouvrières dans tous les pays pour se rendre compte du rôle considérable que les syndicats sont appelés à jouer dans le régime actuel du travail, et dans celui de l'avenir. On a dit, en ce sens, que la fondation du moindre syndicat ouvrier présentera plus d'importance pour l'historien de l'avenir que la bataille de Waterloo. Une force nouvelle s'est révélée dans le monde moderne, celle de l'association volontaire et libre. La formation des groupements de travailleurs est générale et, pour ainsi dire, spontanée. Le syndicat sort du sein du peuple ; la population ouvrière s'identifie tellement avec lui qu'elle semble ne penser, ne vouloir et n'agir que par lui. Il représente dans l'industrie l'avènement de cette démocratie, qui règne en politique, et qui marque la transformation d'une société. L'idée d'une classe gouvernante, lisons-nous dans la *Démocratie industrielle* de Sidney Webb, a disparu pour ne plus revenir. Désormais employeurs et ouvriers se rencontrent égaux [38]. Le marché individuel entre le possesseur des moyens de subsistance et le vendeur de la force de travail est abandonné. A ce contrat individuel tend à se substituer le contrat collectif pour le règlement en commun des salaires et des conditions du travail. La liberté des entrepreneurs de choisir leur personnel va se restreignant à mesure que les syndicats et les unions ouvrières croissent en puissance. M. de Molinari prévoit que l'usage de la commandite, déjà établi dans certaines industries, par exemple chez les typographes, parmi lesquels les unions elles-mêmes se chargent vis-à-vis des chefs d'entreprise de fournir le travail, ira se généralisant. Au lieu d'exécuter le travail en régie, on s'adressera aux syndicats ; et on y trouvera une économie de forces, une assurance contre les risques de grève, une diminution des frais de direction, de surveillance, de comptabilité. En même temps, les ouvriers se sentiront indépendants. Ce système, s'il était possible de le généraliser, conduirait, selon M. de Molinari, à une entente pacifique entre employeurs et employés.

Pour certains socialistes, la vie syndicale, c'est le socialisme en action ; c'est le socialisme non pas rêvé comme un *millenium*, mais réalisé dans la vie, dans l'esprit de chaque jour. Elle représente l'association, la solidarité, la subordination de l'individu à son groupe. « Il faut, écrit M. de Rousiers, de l'intelligence, une certaine largeur d'idées, *de l'esprit public*, comme disent les Anglais, pour que l'ouvrier répète chaque semaine le prélèvement qu'il s'impose sur son salaire. » Le syndicat est une institution juridique, autonome, créée par le prolétariat à l'exclusion de tout élément bourgeois. « L'avenir du socialisme réside dans l'avenir des syndicats ouvriers [39]. »

Les socialistes de cette école opposent le syndicalisme à la politique. Le socialisme politique est l'œuvre des mécontents, des déclassés de la bourgeoisie qui le dirigent. La véritable force du parti politique, remarque M. Raffalovich, réside dans les membres des professions libérales, écrivains, professeurs, artistes, ingénieurs. Quelles habitudes, quels intérêts communs ont-ils avec la classe ouvrière ? Une fois maîtres du pouvoir, ils l'organiseront à leur profit. Ils ne peuvent aboutir qu'à un radicalisme avancé. L'intérêt que la classe ouvrière peut tirer de la politique, c'est d'aboutir à une législation favorable à ses progrès économiques et moraux. Cette législation, elle l'a obtenue en France des gouvernements purement bourgeois ; nous avons déjà rappelé que Louis Blanc, en 1848, ne songeait pas à donner aux ouvriers le droit d'association, de coalition : ce fut l'œuvre des Emile Ollivier et des Waldeck-Rousseau. Les conservateurs et les libéraux anglais se livrent, en matière de réformes ouvrières, à un véritable *steeple-chase*. D'autre part, quel avantage les syndicats ont-ils à « s'embourber dans les tripotages électoraux, » dans la lutte entre politiciens professionnels pour la conquête des places de l'administration ? La politique ainsi comprise n'est qu'un élément de désunion et de discorde [40]. Trop de cerveaux simplistes, écrit M. Vandervelde, sont encore imbus de cette idée qu'avec un certain nombre de bonnes lois et de gendarmes, on peut réformer le monde [41]. La politique tend plutôt à corrompre les masses qu'à les élever moralement, car elle annihile en elles le sentiment de la responsabilité. On devra considérer sans enthousiasme « le jour où l'État et la Commune seront devenus les grands nourriciers du genre humain. »

Les politiciens socialistes en France, jadis si hostiles aux syndicaux purs, semblent maintenant convertis à l'action syndicale, et ils apportent à leurs convictions un zèle de néophytes. Mettant à profit l'excitation causée par les dernières grèves, ils se proclament les champions des syndicats. M. Jaurès interprète la sentence d'arbitrage de M. Waldeck-Rousseau, à propos de la grève du Creusot, dans le sens le plus large, et comme le prélude de l'introduction du système parlementaire dans toutes les usines. M. Millerand, dans son décret sur la réorganisation du Conseil supérieur du travail, introduit les syndicats ouvriers comme représentons normaux de la classe ouvrière, en opposition aux chambres de commerce, aux chambres consultatives des arts et manufactures, formées de membres de la bourgeoisie. Enfin M. Millerand déclare solennellement que « toute l'armée du travail doit entrer dans les syndicats. »

Cette théorie des syndicats professionnels obligatoires rencontre dans différentes écoles socialistes et même chez certains économistes [42], des tenants convaincus. Elle compte aussi des adversaires. Ceux-là pensent, avec M. G. Sorel, que les syndicats doivent rester une sélection, une élite, imbue des principes d'un nouveau droit ; que l'influence de cette élite s'étend bien au-delà de ses membres ; que le nombre ne crée pas la vraie force ; que c'est l'office de la qualité ; qu'on s'affaiblit en absorbant des éléments faibles ; et que ces syndicats universels seraient livrés à l'influence des démagogues bourgeois. Mais, d'autre part, les syndicats d'élite, comme les vieilles Unions tournent aisément à l'égoïsme corporatif.

M. Bernstein, qui a introduit le plus d'idées nouvelles dans le socialisme, et qui s'étudie à combattre la routine traditionnelle du dogme, écrit dans le même sens [43] : « Si grande que soit la mission que l'on assigne aux syndicats, elle n'exige ni ne comporte leur omnipotence. S'ils doivent réunir tous les travailleurs d'un même métier, les syndicats ne peuvent à la fois protéger les intérêts de leurs membres et servir le bien public : ils dégénèrent en corporation exclusive avec tous les mauvais effets du monopole. Un syndicat comprenant les membres de toutes les branches d'une industrie, qui est l'idéal d'un assez grand nombre de socialistes, serait une association de production pourvue d'un monopole, en contradiction avec le socialisme et la démocratie, car *les institutions socialistes se distinguent des institutions féodales par le libéralisme de leur constitution démocratique et leur universelle accessibilité*. Il faut donc, d'après M. Bernstein, se garder de voir dans le syndicat la force magique qui mettra fin à la rémunération sous forme de salaire, un organisme approprié à la direction des établissements industriels. Le syndicat ne peut faire du salarié un patron. » Un journal révolutionnaire, *le Parti ouvrier*, reconnaissait, à propos de la grève des mécaniciens de Londres, que, par leur opposition au perfectionnement du machinisme, ceux-ci tendaient à entraver la production. M. Bernstein, avec les économistes orthodoxes, place les intérêts des consommateurs en première ligne. Si les syndicats ouvriers et patronaux se divisent ou s'unissent pour régler la production, ils conspirent contre le public. Le but des syndicats démocratiques, c'est de faire participer les ouvriers au développement de la richesse sociale, de leur procurer une part plus large de cette richesse. S'ils dépassent ce but, ils deviennent nuisibles. — Voilà le langage que les socialistes sérieux et réfléchis tiennent aux ouvriers. Ils cherchent à les éclairer sur les nécessités de l'ordre économique actuel, et sur les avantages qu'ils peuvent en retirer par une bonne organisation et une conduite prudente et habile. Mais ils sont moins écoutés que ceux qui font luire à leurs yeux « un avenir mirifique, dû non aux efforts humains, mais à l'avènement d'un *millenium*, qui tue dans l'homme la bonne volonté agissante. »

Sans doute l'ordre actuel n'est pas immuable. Les sociétés possèdent une force de plasticité dont nous ne pouvons soupçonner les limites. Mais nous sommes assurés de deux choses : c'est d'abord que l'évolution, pacifique ou violente, ne se plie jamais aux systèmes des théoriciens ; et c'est ensuite que les institutions n'ont d'autre valeur que celle des hommes de chair et de sang qui les appliquent.

NOTES

1.   Voyez la Revue du 15 septembre.

2.   Voyez, dans la Revue des 15 janvier et 1er juin, les articles de M. Charles Benoist sur l'Organisation du Travail et l'Association dans la Démocratie.

3.   Giard et Brière, 1897.

4.   Le Trade-Unionisme en Angleterre, A. Colin, 1891. — La Question ouvrière en Angleterre, Firmin-Didot, 1195.

5.   F. Destrée et E. Vandervelde, le Socialisme en Belgique, 1898.

6.   Les Congrès ouvriers en France, 1899.

7.   Les Anarchistes et les Syndicats, brochure, 1898.

8.   Le « sabottage, » c'est l'art de gâcher la besogne, de ralentir le travail : sujet déjà traité dans le pamphlet de Swift sur l'Art de voler les maîtres.

9.   Voyez, dans la Revue du 15 décembre 1898, l'article de M. Le Cour Grand-maison, sur la Grève du Bâtiment.

10.   Les syndicats patronaux industriels comptaient, en 1897, 140 000 adhérents, les syndicats mixtes, de patrons et d'ouvriers, 60 000 ; les syndicats agricoles, généralement mixtes, 450 000.

11.   Le total de subvention des Bourses s'est élevé en 1898 à 343 590 francs. Les frais de fonctionnement de la Bourse du Travail de Paris sont inscrits au budget communal pour une somme de 182 500 francs.

12.   Voyez dans la Revue parlementaire du 10 septembre l'article sur les Bourses, de M. Fernand Pelloutier, le distingué secrétaire de la Fédération qu'elles ont formée.

13.   La Bourse du Travail de Paris, au début, fit exception à cet esprit plus sage que les Bourses semblent appelées à introduire dans le monde ouvrier. A peine fondée, elle devint le champ de lutte des influences politiciennes et révolutionnaires, la citadelle des syndicats hostiles à la loi de 1884. Elle préparait les cadres

de la guerre civile, lorsque, dénoncée à la Chambre par M. Yves Guyot le 8 mai 1893, elle fut fermée par M. Dupuy le 7 juillet. Il fut félicité par M. Guesde, dans le Matin, « d'avoir encombré de sa police et de ses troupes à cheval l'impasse syndicale ou corporative dans laquelle menaçaient de s'égarer un trop grand nombre de syndiqués. » Rouverte sous le ministère Bourgeois aux syndicats régulièrement constitués, elle fut le foyer intense de l'agitation, lors de la dernière grève des terrassiers.

14.   Vigouroux, la Concentration des forces ouvrières dans l'Amérique du Nord. Bibliothèque du Musée social, 1899.

15.   Documents officiels sur la grève du Creusot, p, 4.

16.   Ces grandes compagnies, comme les villes, ont leur police secrète.

17.   M. de Gournay, en 1895, était élu conseiller général par 3 885 voix sur 4 226 votants.

18.   La Vie américaine 1899, p. 246 et suiv.

19.   A Decazeville, où le malheureux ingénieur Watrin fut assommé à coups de barre de fer, la première cause de la grève était une société coopérative ménagère, instituée dans l'intérêt des ouvriers, et pour eux facultative.

20.   Cette lutte entre employeurs organisés et syndicats organisés, la plus considérable qui eût encore été entreprise, n'a pas un seul instant dégénéré en désordre et en violence. Des subsides ont été recueillis dans la classe bourgeoise pour secourir les femmes et les enfants. Les universitaires occupaient les ouvriers par des lectures, des conférences, des visites aux musées. Nul chômeur ne s'était fait inscrire au bureau de bienfaisance, et cela par dignité.

21.   Le Droit de Grève du Personnel des Services publics, par M. V Pareto (Journal des Économistes, août 1899).

22.   Mot du prince Kropotkine.

23.   M. Lacombe, l'Histoire considérée comme science, 1894.

24.   Petite République du 18 octobre.

25.   Petite République du 25 mars.

26.   Ces idées de M. Bernstein ont été excommuniées par M. Bebel au dernier congrès des social-démocrates allemands, à Hanovre. Mais, intransigeant en théorie, révolutionnaire en

paroles, M. Bebel, dans une résolution acclamée par le parti, et, à laquelle s'est rallié M. Bernstein lui-même, a fait des concessions considérables à l'opportunisme. M. Bernstein n'a pas été exclu du parti. On lui a seulement reproché, comme une énormité, de reprendre les hérésies de l'économie politique bourgeoise. Au Congrès de Hanovre, il avait contre lui la majorité, mais il avait pour lui l'élite dirigeante, Auer, Vollmar.

27.   Le Devenir social considérait que ce projet, atteignant les entrepreneurs de culture, rendrait la République profondément impopulaire.

28.   Le Capital, préface de la première édition française, p. 11.

29.   De Rousiers, les Trusts en Amérique, 1898.

30.   Voyez, sur cette question d'ensemble, le livre de M. André Liesse : le Travail au point de vue scientifique, industriel et social. Paris, Guillaumin, 1899.

31.   M. Novicow.

32.   Liesse, le Travail, p. 437.

33.   La Comédie socialiste, p. 391.

34.   Vigouroux, la Concentration des forces ouvrières dans l'Amérique du Nord, p. 260. — Liesse, le Travail, p. 410.

35.   L'Arbitrage et les Grèves. (Revue Bleue, octobre 1899).

36.   Journal des Économistes de septembre.

37.   Il se pourrait que la nouvelle loi de M. Waldeck-Rousseau, une fois volée, soit, au début, aussi impopulaire près des syndicats militants que celle de 1884. Déjà nous entendons dire qu'elle ne sera favorable qu'aux syndicats catholiques, qui, eux, trouveront de l'argent. Et voilà peut-être M. Waldeck-Rousseau suspect de cléricalisme !

38.   On lit dans la Neue Zeit (9 septembre 1898) que « la prétention des entrepreneurs au droit illimité de conduire les travaux à leur guise, d'après le précepte ; Charbonnier est maître chez lui, est une philosophie de bonnet de nuit, qui ne distingue pas entre la demeure privée et les ateliers de centaines d'hommes. Cela était bon au temps des corporations, où le maître de maison surveillait les mœurs de ses compagnons. »

39.   G. Sorel, l'Avenir des Syndicats, 1898.

40.   G. Sorel, l'Émancipation du 15 septembre 1899.

41.   Le Socialisme en Belgique, p. 54.

42.   L'opinion de M. de Molinari, c'est que l'organisation des forces ouvrières finira par s'étendre à la masse des travailleurs.

43.   Les Forces de la démocratie industrielle (Mouvement socialiste du 1er septembre 1899).

ISBN : 978-1981688715

www.ingramcontent.com/pod-product-compliance
Lightning Source LLC
Chambersburg PA
CBHW070928220526
45468CB00005B/1701